양언집

지성.감성의 메타언어
조선문학사시인선.1028

양언집(佯言集)

박 진 환 제567시집

조선문학사

■ 시인의 말

시는 정(情)을 뿌리로 하고, 말을 싹으로 하며, 소리를 꽃으로 하고, 의미를 열매로 한다는 백거이(白居易)의 말에 동의한다.

시란 간단히 말해 가장 아름답고, 인상적이고, 다양하게, 효과적으로 사물을 진술하는 방법이라는 M. 아놀드의 진술에도 동의한다.

그런가 하면 시는 거짓말하는 특권을 가진다는 프리뉴 2세의 피력에도, 시인만이 거짓말을 할 특권을 가지고 있다는 F. 자양가이의 지론에도 동의한다.

그렇다. 시는 거짓말이고 시인은 거짓말쟁이로서의 특권을 가지고 있다. 거짓말은 참말로는 할 수 없는, 참말에서는 체험할 수 없는, 참말보다 새로운 말을 창조하기 위해서는 꾸며서 말하는 거짓말밖에 없기 때문이다.

소이로 해서 거짓말은 참말에서는 체험할 수 없는 새로운 감동을 체험하게 해주는, 참말로써는 설득할 수 없는 설득력을 거짓말로 꾸밈으로써 창조에 값하게 하는 참말을 초월하게 된다. 시를 논리가 끝나는 곳에서 시작되는 진술이란 점은 이를 잘 말해준 것이 된다.

　양언(佯言)은 거짓말을 달리 일컫는 거짓말의 이칭이다. 거짓말은 일종의 허위의 진술이다. 우리가 즐겨 말하는 상징이 허위의 진술 아니던가.

　거짓말은 꾸밈에서는 참말을 넘어서고 넘어섬으로써 새로운 말을 창조해내는 허위의 진술이다. 이 점에서 시는 거짓말이고 시인은 거짓말쟁이가 되게 된다. 달리 말하면 거짓말은 창조를, 거짓말쟁이는 창조자를 달리 지칭했던 양언인 셈이다.

　시집 『양언집(佯言集)』의 발상은 여기에서 출발했다는 점을 밝혀둔다.

2025년 중추
저자

양언집(佯言集) 차례

시인의 말 / 5

제1부
절망연습

고양이 / 13
바람·구름과 다르지 않은 것을 / 14
무위 읽기 / 16
성공이란 / 18
동의한다 / 20
허무란? / 22
다람쥐다 / 24
절망연습 / 25
사물 읽기 / 26
하루치의 삶 / 28
자연학습소 / 29
손[手] / 30
사랑이란 / 32
진달래꽃 앞에 하고 / 33
언어 / 34
마음 / 36
장미 / 38
소묘 / 39
공원 / 40

문신 / 41
봄과 여름 사이 / 42
초하예감(草賀禮監) / 44
한가풀이 / 46
벤치엔 / 47
만춘(晩春) 소묘 / 48
만춘공원소묘(晩春公園素描) / 50
가지치기 / 52
한가시편 / 54
공원풍경 셋 / 56
숙제라도 못 풀 것처럼 / 58
5월 / 60

제2부
무악재

회향보(懷鄕譜) / 63
삶이란? / 64
그늘에서 / 66
초하 소묘·1 / 68
초하 소묘·2 / 70
인간이란? / 72
밤바다 / 74
공원에서 / 76

늙은이 우문우답 / 77
추억 / 78
근본은 같이함이다 / 80
침묵 / 82
탑돌이 / 83
무악재·1 / 84
무악재·2 / 86
바람의 이미지 / 87
시인과 단골 / 88
그늘시편·1 / 90
그늘시편·2 / 92
그늘시편·3 / 94
그늘시편·4 / 96
그늘시편·5 / 98
소나기 / 100
오수(午睡) / 101
소이(所以) / 102
약 / 104
사필귀정엔 피가 묻어 있다 / 105
수해(樹海) / 106
같은 소이였어 / 108
열옥행 열차 / 110
답해 보라 / 111
두 그루 감나무 / 112
귀또리 / 114

들꽃 / 115
매미 / 116
초월 / 118
사무사(思無邪)와 사유사(思有邪) / 120
소나기 지나간 뒤 / 121
이치가 아니던가 / 122
하오의 시·1 / 124
하오의 시·2 / 126
바람의 산책 / 127
성하공원(盛夏公園)에서 / 128
언술 / 130
소리로 가을 읽기 / 132
제녀음(齊女吟) / 134

제1부
절망연습

고양이

희고 고운 손이
검은 고양이를 쓰다듬고 있다

눈을 지그시 감고 발톱은
오무렸다 폈다를 되풀이하는 긴장의 야성

고양이는 알고 있다
다섯 손가락이 칼날도 되고 창끝도 된다는 걸

쥐를 잡아놓고 유희를 즐기듯
커다란 짐승의 노리갯감이란 것을

먼 초원을 달리며
치타도 되고 호랑이도 되는 꿈을 꾸지만

고양이는 지금
지상에선 가장 무서운 짐승의 포로다

바람·구름과 다르지 않은 것을

무악재를 포복으로 기어 넘어온 바람은
독립공원
수림들 가지 간이역 삼아
잠시 숨을 고른 후
역마살이 도지면 어디론가 떠난다

바람의 행방은 알 수 없으나
인왕봉을 넘어서는 구름의 행보로 보아
향방 같이해 동행할 듯싶다
바람이 구름을 끌고 가기도 하고
구름이 바람을 밀고 가기도 하면서

궁합이 잘 맞는 날엔
만돌린 악단이 되어 주유천하
순회공연도 하고
토라진 날엔
심술로 쪼개져 난동을 부리기도 한다

바람과 구름뿐이겠는가
인간도 동행하다 헤어지기도 하고

헤어졌다 다시 동행하기도 하는 등
부유인생
바람·구름과 다르지 않은 것을

무위 읽기

눈·비·바람으로
꽃가지 흔들어 괴롭히던
꽃샘 시샘이 물러난 날씨는 청명

피었던 꽃마저 지고
나중 눈 뜬 꽃눈들이 개화한
공원은 그중 작은 공간으로 축소된 자연

자연을 신이 쓴 책이라 했던가
신서(神書)를 인간이 읽는다면
오독·오판·오역·오석 등 오자 못 면할 듯

보기에 따라 읽기에 따라
풀이하기에 따라 각기 답이 다른
무위경(無爲經)

신이 썼으니 인간이 원하는 답 있을 리 없고
답이 없으니 읽어 깨우쳐야
답에 가닿는 풀이라도 있을 듯

묻고 답하기를 넘어선
넘어선 곳에 답이 있는 초월경(超越經)
경의 페이지를 밖으로 보고 안(眼)으로 읽어본다

성공이란

성공의 비결엔 공식이 없다
각자도생의 결과이니
어찌 공식이며 정답이 있겠는가

다만 할 수 없는 일에 매달리기보다
할 수 있는 일에의 충실이
성공의 비결이란
석가의 말씀에 동의한다

노력에 더해 집중을
기획에 더해 지혜와 의지를
심지어는 실패마저도
사랑하는 집념

어찌 그뿐이겠는가
견인불발(堅忍不拔)과 함께
신념에 확신까지가
성공에의 비결이란 데 동의한다

그러고도 성공하지 못했다면

실패 자체에 대한 해석이 잘못됐거나
실패 자체를 몰랐던
백무일실 때문 아닐지

※ 백무일실(百無一失) : 일마다 하나도 실패가 없음.

동의한다

타인의 실패를 좋은 스승이라 했던가
허면 스스로가 체험한 실패는
스승의 스승이 될까
넘어짐으로써 체득하게 되는
안전하게 걷는 법의 터득은
실패를 통한 성공의 비결이 아니던가
실패는 성공의 어머니란 말에 동의한다

실패란 잘못 기획됐거나
노력·인내·지혜의 부족보다
항룡유회(亢龍有悔)
분수 밖의 것에 대한 집중이 체험하게 하는
만족할 줄 모르는 욕망 때문
대망의 공허가 깨닫게 하는 최소의 욕망 충족이
최대의 부자라는 말에도 동의한다

욕망의 성취욕보다
욕망 자체에의 도전이
진정한 욕망의 몫임을 알고
분수에 맞게 바라기

분수 밖의 것 바라지 않기
그것이 실패하지 않는
성공의 지혜란 것에도 동의한다

허무란?

허무란 존재가 수반하는 절망의식
실존(實存) 아닌
실존(失存)이 깨닫게 하는 절망의식이다

팡세는
자연 속의 인간 존재는 무한에 비하면 허무이고
허무에 비하면 일체이니 무한과 일체
사이의 중간물을 인간이라 했던가

무한과 일체의 어중간
인간은 그 둘의 사이에 끼인 매개물
무한으로도 일체로도 통섭이 불가한
유한으론 합일체가 될 수 없는 소멸의 개체

허무란
무한에의 도전에서 비롯된 자각
무한으로부터의 피투가 체험하게 한
절망 아닐지
정말을 죽음에 이르는 병이라 했던가

허무란
절망의 다른
표현일 듯싶어서

다람쥐다

주어진 삶이란
쳇바퀴를 돌리는
나는 한 마리 늙은 다람쥐다

높은 나무 올려다보며 오르고 싶어한 적도
가지에서 가지로 몸을 던져 비상한 적도 없는
늙은 다람쥐다

분수 밖의 삶 탐해 돌진하거나
욕심한 바 없는
쳇바퀴로 돌리는 삶
안분지족으로 알고 즐기는
늙고 외로운 다람쥐다

종일을 돌리고 돌려도
쳇바퀴를 벗어나지 못하는
허무란 삶의 조건을
동그라미와 동그라미로 굴리는
나는 늙고 외로운 인간 다람쥐다

절망연습

메워도 메워도 메워지지 않는
공백
허무의 깊이와 넓이가 이러하지 않을까

메우면 메울수록 깊이와 넓이를 더해가는
허무를 메우기 위해
시를 쓴다

시가 절망연습인 소이를 아시는가
절망할수록 깊이와 넓이를 더하는
절망연습

절망 있으면 희망도 있기 마련
절망할수록 희망을 키운다는 역설의 이치
시 쓰기가 절망연습인 소이가 이러하다

한 편의 시가 절망의 깊이를 한 계단 낮출 때마다
희망의 계단이 한 계단씩 올라가는 이치를
절망할수록 희망의 높이가 더한다는 이치가 된다

사물 읽기

공원은 거수, 느티·압각수
돌 틈의 민들레, 패랭이 꽃까지
일체가 사물 자체가 언어인
불립문자(不立文字)다

페이지엔 문자가 없는
백지의 신이 쓴 불간지서(不刊之書)
눈으로 보고, 가슴으로 느껴
마음으로 깨달아 번역해 본다

피는 꽃에서
지는 한 잎 낙화까지
사물 언어 삼아 읽어
번역해 보는 무위

무위는 말이 없다
대신 형상과 빛깔과 향기로 말한다
육이(肉耳)가 아닌
마음경(經)으로 읽는

읽어 의미가 되면 의미로
깨달음이 되면 깨달음으로
빛깔로 말하면 빛깔
제마다의 언어로 말한다

견자만이 볼 수 있고
읽을 수 있는
마음경 불간지서
불립문자의 무위를 사물로 읽는다

하루치의 삶

저물녘
창가에 서서 하루의 무게를
그림자로 업고 돌아가는
귀로의 발길들을 눈으로 보낸다

손에 들린 비닐봉지가 궁금하다
무엇이 들어 있을까
값어치로 치면 얼마쯤이 될까
나누면 하루치의 행복에 값할까

하루의 수고로움을 끌고
긴 골목으로 빨려 들어가는
뒷모습을 돌려세워
고달팠을 하루치의 노고를 앞에 해본다

자연학습소

공원은 자연학습소
봄학기 제1기는
산수유·개나리·목련·홍매화·앵화가
낙화 졸업장 삼아 수료했다

제2기는
진달래·이팝꽃·살구꽃이 등록했고
민들레·패랭이꽃들이
수강생으로 등록 개강 중이다

수료식 축사는
'낙화는 혼의 발자국 본향인 귀천에 축복'을
그렇게 떠나보냈다

햇살이 꽃잎 세례로
금가루를 뿌려 가는 길 축하했고
떠남의 발자국은 마무리가 아닌
새로운 시작의 출발이었다

손[手]

내 손가락엔 지문이 없다
다 닳아 지워져 버렸기 때문이다
무슨 잘못이 그리 많아 비벼댔던 것일까
아니면 뭘 그리 구걸하느라 비벼댔기 때문일까

탓 마시게나
가진 것 없고 타고난 재주 없고
먹고 살기 위해 손과 발에 의지해 살다보니
그리된 것을 나무란들 탓한들 뭘 하겠는가

적자인생 면하기 위해
닥친 대로 안 해본 일이 없다
금속공장, 가구공장, 출판·잡지에
신문기자·대학교수, 문학지 발행까지

손과 발로 뛰었으니 닳아 없어진 게
지문뿐이었겠나
체면도 구겨지고, 정신인들 제정신이었겠나
망가져도 제대로 망가졌음이 이러하다

성공보다 실패가 더 많았던 삶
지문 지워져 볼품없고 거친 손 됐지만
구걸한 적 없으니 손 거지는 면했던 셈
청한 악수에 내민 손 부끄러움은 없다

사랑이란

청실홍실 시대의 사랑은
가슴과 가슴을 잇는 실이
사랑이었다

지금은 실 아닌 밧줄시대
꽁꽁 묶어도 도망치기 일쑤인
사랑의 배신시대

해서 하는 말
사랑은 가위도 되고 도끼도 되고
실을 끊기 위한 가위, 밧줄을 잘라내기 위한 도끼

따지기에 따라선 사랑은 한강일 수도
이쪽과 저쪽 잇지 못해 한강교 난간에서
던진 몸이 사랑일 수도 있어서

뿐인가, 사랑은 활일 수도
살마다 백발백중인 큐피드의 화살
지금은 신화 아닌 물신시대 빈번히 과녁 빗나가서

진달래꽃 앞에 하고

백만 송이 천만 송이
억수로 피었으니 수억 송이
다물어 봉했던 입 드디어 열고
입술로 피어 있다

어떤 이는 맞댄 입술과 입술로 읽고 가고
어떤 이는 아리따운 젖몽울로
또 어떤 이는 연지 노랑나비로도 읽고 가는
두견이

멀리서 보면
산째 꽃밭째 커다란 한 송이 꽃이다가
가까이서 보면 점점홍 수만수천
수억 송이가 몸 섞어 하나로 피는 꽃

말하지 않고도 말을 하고
말하지 않고도 말이 되는 어화(語花)
국화는 은둔자, 모란은 부귀자, 연꽃은 군자
진달래는 스스로를 불 질러 태우는 방화범이다

언어

장미가 왜
붉은 줄 아는가
답은 필요 없다
가시가 먼저
말해주고 있음이다

천사가 왜
아름다운 줄 아는가
답은 필요 없다
악마가 먼저
말해주고 있기 때문이다

희망이 왜
무지갯빛인가
답은 필요 없다
절망이 먼저
말해주고 있기 때문이다

모든 것은 말을 한다
귀로는 들을 수 없는

귀 아닌 다른 것
마음의 귀 심이(心耳)만이 들을 수 있는
소이는 사물 자체가 언어이기 때문이다

마음

마음을
사고 팔지는 못하지만
줄 수는 있는 재산이라 했던가
거래로는 살 수 없고
살 수 없으면서 소유되는 무형의 재산 마음

받아 행복하기보다
줌으로써 더 행복한
행복과 불행이 함께 들어 있으나
나누고 싶은 것은 전자 쪽인
금수지장

신과 악마가 싸우는
전장(戰場)도 되지만
지혜로써 악마와 싸워 다시는
발호하지 못하게 승전장이 돼주기도 한 마음

마음속엔 두 개의 침실이 있다 했던가
기쁨과 슬픔이 함께 하는
두 동거 공간 침실 삼아

방어되고 소유되는
행복한 이미지의 방으로 마음해 지녀본다

※ 금수지장(錦繡之腸) : 비단결같이 곱고 아름다운 마음.

장미

장미는 가시로
스스로를 찔러 흘린 피를
빛깔과 언어로 하고 피어난
악마의 꽃이다

악마 없이 천사 없듯이
천사가 있는 곳엔 악마가 있다
독가시는 악마의 창이고 창에 찔리지 않고서는
천사는 꽃으로 피어날 수가 없다

악마의 협력 없이
예술은 태어날 수 없다고 했던가
이치는 미의 창조를 위해선 악마가
필요하다 함이니 장미의 미와 같은 이치다

절망 없이 희망 있던가
절망이란 가시에 찔리지 않고서는
희망은 깨어날 수 없다
찔려 피를 흘릴수록 희망이 장밋빛인 소이다

소묘

공원은 목로집이거나 간이역
지나가던 과객 노독 풀고 가고
하루도 계절도 쉬었다 가는
가숙지

철마다 핀 꽃 뜰이 되어 주고
그늘 드리워 쉬어가게 하고
낙엽으로 발자국 찍고 가게하고
자투리 한철은 설국

하루치의 삶을 벗어놓고 꽃핀 날엔 뜰로 거닐고
선목유음이 방석 깔아준 날엔 앉아 쉬어가고
낙엽 지면 돌아감을 읽고 가고
설국엔 발자국을 찍고 가게도 한다

낚시터 삼아 들른 과객 언어를 낚기도 하고
고향바라기 향수를 소환하기도 하고
따뜻한 체온이 그리운 날엔 옆구리가 시린
나그네가 되어 공허 동행하기도 한다

공원

헐렁했던 가지와 가지 사이가
연초록 파랑으로 넘실댄다

공원은 수해의 작은 포구
계절을 실어 나르는 관광버스가
풀어놓은 승객들이
흡사 게망태를 풀어놓은 듯 바글댄다

바람은 연일
파도를 밀고 왔다 밀고 가고
구름은 범선의 돛폭으로 잠시 정박했다 떠난다
새들은 물새 떼가 되어 머물다 가고

나그네에겐 목로집
시인에겐 언어의 낚시터
화가에겐 커팅장
과객에겐 쉼터

계절의 가숙지 공원은
내겐 신분증이 필요 없는 출입처다

문신

신록의 계절 5월
이파리들은 연초록 물결로 출렁였고
등푸른 활어 떼가 되어 물결 따라
헤엄치고 있다

때마침 만개한 진달래는
붉고 흰 산호초가 되어
파랑을 물들였고
사람들은 직립 행보의 인어 떼가 되었다

수심은 거수들의 높이에 비례했고
해수면을 건너간 바람은
몸이 젖지 않았으나
물기 없이도 젖는 것은 가슴이었다

파랑을 헤쳐 오고도 젖지 않은 몸 대신
가슴이 연초록으로 물들었다
몸의 얼룩이나 비늘들이 말끔히 벗겨지면서
벗겨진 자리마다 그린이 문신으로 새겨졌다

봄과 여름 사이

계절은 늦봄
날씨는 초여름
기온은
봄과 여름 사이의 중간대

공원은 도심 속의
큰 호수만 한 바다
이팝꽃이 백산호목으로 피어있고
연초록 파랑이 꽃잎을 폈다 접었다 놀고 있다

파랑들은 노도로 일어서기엔
아직 독이 오르지 않았고
연초록이기엔 이미 독이 돋아난 거수들의
높이로 수심한 바다는 높낮이가 없었다

몸 대신 수심으로 젖은 것은 가슴
독기가 가슴에 번졌으나
폐활량은 번질수록 정상이었고
정상으로 박동했다

고속버스들은 연락선이 되어
주차장 부두 삼아
봄을 실어다 놓고
여름을 싣고 갔다

지나가던 과객이 수해를 한 컷으로 재단
감추듯 주머니에 넣고
파랑을 발길질하며
도망치듯 수해를 빠져나갔다

초하예감(草賀禮監)

등꽃이 주렁주렁 그늘을 밝히고 있는
벤치가 있는 등나무 그늘은
여름이었다

계절로는 봄인데
날씨로는 초여름
알아서 발걸음은 그늘을 골라 디뎠다

헐렁했던 가지와 가지 사이가
며칠새에 바람이 길을 잃을 정도로
빽빽해졌다

수해(樹海)
수림의 높낮이로 수심을 달리한 공원은
연초록 파랑이 출렁이는 바다였다

인어 떼처럼 사람들이 그중 낮은 수심을
골라 디뎠으나
몸은 젖지 않았다

대신 젖은 것은 가슴이었다
연초록이 번지면서
그린그린 바가지로 퍼내야 했다

주차장을 연안부두 삼아
관광버스들은 종일 연락선이 되어
봄을 싣고 와 부려놓고 여름을 싣고 갔다

봄과 여름 사이로 길이 하나
계절을 맞고 보내는 교차로가 되어
신호등 바퀴 없이도 가고 옴이 자유로웠다

한가풀이

사탄은 악마의 역할을 하기 위해
한가한 사람들 찾아다닌다 했던가
정신적 활동이 정지된 한가는
죽음이며 산 인간을 생매장한다 했던가
한가는 무료를 즐기는 것이 아니라
좋은 일을 하기 위한 잠정적 휴식이라 했던가
한가는 지적활동을 위한 모색이면 문명을 위해
동물적 시간의 여유면 영혼의 무덤파기라 했던가

몰랐었네, 한가에 이런 양면성이 있다는 걸
유유자적, 한운야학 즐김이 한가인 줄 알았더니
아니었어
정신적 활동, 좋은 일을 하기 위한 잠정 모색의
휴식이 한가란 것을
한 발짝 물러섬이 두 발짝 나아가기 위한
잠정적 휴식이 퇴행이었듯이 한가 또한
휴식을 통한 나아감의 모색이었던 것을

벤치엔

공원엔
세월을 칭칭 허리에 감고
세월로 서 있는 거수(巨樹)

거수 밑엔 살찐 그늘
그늘엔 벤치가 하나
벤치엔 노독을 부려놓고 쉬는 과객

과객은 길손
길손은
원객수회(遠客愁懷)의 여인(旅人)

우리는 모두
영원한 나그네
고독할 수밖에 없다 했던가

고독은 늙었다는 징후
거수가 세월로 서 있듯 벤치엔
만고풍상을 머리에 인 늙은이가 앉아 있다

만춘(晩春) 소묘

수림의 가지들은
잎잎마다 파랑이 되어
다뉴브강의 물결로 월츠를 추고 있었다

키의 높낮이
수심(樹心)으로 수심(水深)하고
출렁이는 수해(樹海)

수면 위로 지나가던 바람은
파도타기를 즐기며
멀리 밀려갔다 밀려 왔다

가지와 가지 사이를
그네 타듯 건너뛰는
풍객(風客)이 지나가면

그늘로 출렁이던 정오가
수심에 드리운 그림자를 일으켜 세워
기다리고 있던 하오와 바통터치를 했다

파도 한 줄기를 움켜쥐고
일어선 과객이
수해 밖으로 파도를 끌고 갔다

만춘공원소묘(晩春公園素描)

공원의 비둘기들은
사람을 피하지 않는다
자연성의 퇴화인지
인위에 길들여져 가고 있는 건지 알 수 없다

알 수 있는 것은
나는 기능상실 대신
걷는 기능에 익숙해진 때문이라는
오실 아닌 사실이다

저러다 문명에 길들여지면
일본 원숭이들이 그러하듯
사람을 피하기보다 공격하지나 않을지
그러지 말란 법 없고 그럴 수도 있음이다

5월 들어 공원 주차장엔
지방에서 올라온 고속버스로 만원이다
갯벌에 게망태를 풀어놓은 듯
바글바글 바글댄다

때마침 만발한 이팝꽃 그늘에는
눈이 파란 서구풍의 여인네 몇이
먼 향수라도 달래는 듯
눈으로 나누는 이야기가 꽃으로 핀다

그린 Green 신록의 가지들이
정오를 기점 삼아 누웠던 그늘을 일으켜 세우며
햇볕 빼앗기를 한다
그늘을 빼앗긴 과객이 그늘 밖으로 피투된다

가지치기

여름에 접어들면서
웃자란 가지치기가 한창이다
공원 단장의 미화작업
기계톱날에 잘려나간 가지들이
쓰레기 더미로 쌓인다

단장이란 게 나뭇가지 뿐이겠는가
생각의 가지도 웃자라면 잘라내야 하고
병들면 도려내는
스스로가 정원사가 되어
스스로를 가꾸는 가지치기

가지로 치면 욕망의 가지보다
더 거추장스러운 것도 있던가
세태에 시달려 오염되고 병든
가지치기로 자정하는 일이
어디 그리 쉽던가

땀 흘리며 가지치기를 하는
공원 원정들의 땀방울이

정오의 햇살에 반짝 빛난다
절장보단의 지혜
공원의 가지치기에서 읽고 간다

한가시편

5월의 연초록이
날이 갈수록 파랗게 독이 번진다
번질수록 멍든 가슴이 치유되는
해독제가 필요 없는 독으로
가슴을 문지른다

번질수록 두께를 더하는 그늘은
푹신푹신한 스펀지 방석
길손의 발걸음 잠시 세워놓고
가지 부챗살 삼아
땀을 식혀준다

쉼터이자 간이역
길손이면 누구나 들러
노독을 풀고 가는
간이 휴게소이거나
이름 없는 목로

공원의 거목들은
악목불음(惡木不陰)이 없다

그늘이란 무위의 덕을 베푸는
베풀어 쉬어가게 하는
선목(善木)이 있을 뿐이다

그늘엔 벤치
벤치엔 과객
쉬면서 노독 달래는 한때의 한가
그늘은
무상으로 베푸는 무위의 덕성이다

공원 풍경

컷 · 1

비둘기 수놈 한 마리가
암컷의 주위를 빙빙 돌더니
키스라도 하듯 주둥이를 내밀어
입맞춤을 했다
그리고는 짝짓기를 한 후
이번엔 암컷이 수컷의 주위를
몇 바퀴 돌고 사라졌다
영락없는 사람의 흉내 아니던가
신기하다 했더니 종종 공원에서
목도된 한 컷이었다

컷 · 2

공원 본적지 삼아 군집성 집단살이를 한
한 떼의 까치들이 깍깍대며
떼거지로 한꺼번에 모여들더니
등치 큰 한 놈이 보다 작은 놈의
뒤통수를 쪼아댔다

그럴 때마다 응원이라도 보내듯이
깍깍깍 격음을 토해냈다
흡사 "물어뜯어 버릇을 고쳐줘"한 것 같았다
부부인 듯싶은 한 쌍의 까치가
지나가는 뱀을 교차해 쪼는 공격을 본 적은 있었지만
집단 징계 장면은 처음이었다
딴엔 무슨 룰인 듯싶었다

숙제라도 못 풀 것처럼

여느 날과 달리
깍깍대던 격음의 까치소리가 들리지 않는다
발길에 차일 듯이 어정거리던
비둘기 떼도 눈에 띄게 적다
왜일까
공원 정비를 위해 가지치기 등
원정의 기계 톱날음을 피해 날아가버린 것일까
궁금하다

궁금한 건 또 있다
등나무 그늘에 본부를 둔 듯한 개미 떼가
눈에 띄지 않는다
알 수 없는 것은
오늘따라 고속버스도 들어서지 않고
지나가는 과객도 많지 않다는 점이다
딱히 이유가 있을 듯싶은데
궁리에 답이 나오지 않는다

무위를 어찌 알겠는가마는
궁금하다

답 있어도 그만 없어도 그만
알아도 그만 몰라도 그만
보이는 대로, 느껴지는 대로, 생각되는 대로
받아들이면 그뿐인 것을
한가도 병인 양하여 궁금증만 돋운다
무슨 숙제라도 못 풀 것처럼

5월

신록의 계절 5월
연초록 이파리들은
순하디순한 팔랑이는 파도

수해라 했던가
잎잎마다 파도로 출렁이는
공원은 도심의 뒤뜰

노도 돛폭도 없이 수해를 유람하는
그늘은 멀미를 일으키지 않은
작은 범선

어떤 이는 한나절 노독을 풀다 가고
어떤 이는 언어를 낚아 사연을 엮어 가고
또 어떤 이는 파도 한 자락을 훔쳐가는 유원(遊園)

작은 숲 5월의 공원은 신의 수중 성당
바이블 대신 수해 불간지서 삼아
펼친 그늘에 성구를 보쌈해 간다

제2부
무악재

회향보(懷鄉譜)

인기척에 놀라
푸드득 비둘기 떼가 날아가고 나면
아름드리 안산 소나무 가지에 앉았던 바람도
송진내를 뿌리며 떠나갔다

멀리 직삼각형의 옥매산 산정에
엉덩이가 찔린 낙조가 피를 흘리면
피를 핥던 노을이 혀를 둘러
창호에 장미꽃 문양을 칠했다

안산이 서서히 그림자를 거둬들이면서
잿빛 가루를 뿌려댔고
잿빛 가루에 금박을 지운 마을은
묶인 하루의 밧줄에서 풀려났다

노을을 벗할 줄 알고
고달픈 하루가 쏟아낸 코피를 맡을 줄 알던 시절
내 안에 인화된 채 지워지지 않는
먼먼날의 한 컷 회향보가 이러했다

삶이란?

삶이란 무엇인가?
무엇을 위해 사는가?
어떻게 살아야 하는가?
삶으로써 무엇을 할 수 있는가?
삶의 궁극은 무엇인가?

인간이란?
삶이란?
인간 자체가 ?이고
삶 자체가 ?이다
소이로 인간의 삶이란 의문부에 대한 도전이다

?에 따라 싸움도 승패도 달라지고
이기고도 진, 지고도 이긴 싸움이 되기도 한다
?이 칼이냐? 창이냐? 방패냐?
선택에 따라
도전의 양상도 결과도 달라진다

각자도생

달라야 인간이고 삶이다
무한히 살고 싶고 살아
그리운 것이 되고 싶은 것도 인간의 삶이다
?가 곧 인간이고 삶 자체인 것을

그늘에서

공원 거수 느티 그늘
느티의 높이 만큼
그늘의 수심은 낮다

가지째 수해의 파랑으로
펄럭대는 파도
그중 높은 파도 위엔 구름 한 점 떠 있다

떠있는 구름 범선으로 보내면서
노독 해수(海愁) 삼아
유심으로 실어 보낸다

어느 산정 포구 삼아
정박할 구름이 노독 풀어놓을 무렵
기우뚱 정오가 목로 쪽으로 기운다

꼬르르
이름 모를 새소리 들리고 들리는 새소리
신호 삼아 꼬르르 공복이 시장기를 토해낸다

한 끼쯤 거른들 어떠냐만
본능에의 충실이 맡아 끌어들이는 노린내
수해 밖 도가니 전문 대성집이 눈앞에 다가선다

초하 소묘 · 1

양지바른 가지에선
빨갛게 앵두가 얼굴을 내밀고 있다
가지의 열매론 첫 성숙일 듯싶다

5월의 끝자락과 6월의 시작이
맞물린 사이로
봄과 여름 계절의 순환이 임무교대를 한다

수림들의 잎새엔 열독보다 먼저
그린이 독으로 번지고 번진 독으로 무게를 더한
잎새들이 수해(樹海)의 깊이를 더해준다

깊을수록 두께가 겹친 그늘방석은
푹신한 안정감으로
앉아 쉬는 노독을 풀어준다

울타리로 두른 줄장미가
스스로의 살갗을 가시로 찔러 흘린 피로
얼굴을 칠해 붉고

붉게 물든 빛깔로 그린 일색의
단조로운 공원을 커버해
눈요기를 하게 한다

느티 그늘 방랑기 도진
바람도 쉬어가려는지 관객 옆에 앉고
산자락에 무심으로 걸린 구름 유심으로 보낸다

한운야학이 따로 있겠는가
구름에 시름 한자락 실어 보낸 한때의 한가로
박하사탕 깨물 듯 노독을 깨물어 본다

초하 소묘 · 2

초하치곤 너무 덥고
더운 날치곤 그늘은 너무 시원하다
엽록을 자양분으로 칠해
잎새마다 푸른 살이 올랐기 때문일 듯싶다

삐삐 삐리리
노래인지, 울음인지, 짝을 부름인지
가지에서 떨어진 삐리리가
옥구슬 구르듯 굴러간다

하오의 정적을 깨뜨리기엔
부족했지만
귓속의 정적을 몰아내기엔
차고 넘쳤다

알맞게 바람은 지나갔고
가지들은 손을 흔들어 보냄에
인색하지 않았다
친숙한 예법일 듯싶게

부지런한 입질 때문인지
비둘기들은 피둥피둥 살이 올랐고
구구구
짝을 찾는 구애의 목소리도 차졌다

인간이란?

자랑하기, 돋보이기 좋아함과 무관한
젠체하기 과시욕과는 유관한
유별나고 티내기 좋아하는
성품이 있는가 하면

드러내지 않고 그렇다고 감추지 않아도
스스로 우러나는 돋보임이 있는가 하면
티내고 유난 떨지 않아도
드러나는 돋보임도 있다

따오기는 목욕하지 않아도 희고
까마귀는 목욕해도 검듯이
천성 같기도 하고
인위에 길들여진 것 같기도 한

인간 본성을 선과 악으로 보는 고정과
동으로 터뜨리면 동류(東流)
서로 터뜨리면 서류(西流)의
유수와 같은 유동으로 보는 이분법의 양면성

어느 것이 정답일까
둘 다 답이 되면서도 하나로 답할 수 없듯이
인간도 천성과 인위에 따라 존재양식을 달리하는
한마디로 답할 수 없는 중간물이 인간이기 때문

밤바다

그녀는 고향 시골 초등교사였다
주말이면 교회를 핑계 삼아 찾아주었다
시골 마을과 우리 집 마당에
하이힐 발자국을 낸 최초의 여자였다

마을 등너머엔 바다가 있었다
한때는 여객선이 드나드는 포구가 있었고
일제 때 간척사업으로 막은
높이 5~6m에 길이 1km쯤의 원둑이 있었다

여름밤 둑길은 시원하기도 했지만
달빛을 안고 출렁이는 파도는
은물결을 치맛자락 삼아 감고 도는
흡사 왈츠를 추는 듯했다

굽어보면 달빛마다 파도가 되어
밀려왔다 밀려갔다를 되풀이했고
하늘의 별들이 온통 보석으로 쏟아져
번쩍이는 광무도장 같기도 했다

어둠에 물린 먼 수평엔
목포 근교의 불빛들이 등대처럼
도심에의 엑조티즘을 자극했고 그럴 때마다
도리고 도셀리 슈베르트의 세레나데로 답했다

그녀의 목소리는 낮았으나 호소력이 있어
높고, 거칠고, 투박한 내 성량과는 대조적이었다
사범 시절 성악 1등을 한
그 이상도 그 이하도 아닌 실력뿐인

높낮이 화음은 저녁 바다 불러 물결을 탔고 출렁
이며 드레스의 옷자락이듯 왈츠 스텝에 감겼다
  그날의 밤바다를 떠올릴 때마다 그녀의 노랫소리는
  파도로 범람했고 그 파도에 한사코 나는 익사했다

공원에서

공원은 불립문자(不立文字)의
불간지서(不刊之書)
문자도 페이지도 없는
공원 자체가 언어이고 의미이고 진리인
오도(吾道)나 오도(悟道)의 깨달음만이
터득할 수 있는 신이 쓴 교과서다

어떤 것은 사물이나 형상으로 말하고
어떤 것은 빛깔로써
또 어떤 것은 외양이 아닌 내재한
비의로써 천리(天理)를 말해주고
절후의 오감이나 순환의 질서로써
답해주는 무위경(無爲經)

자연을 신의 묵시라 했던가
천지는 자연으로 인(因)한다 했던가
인과 묵시의 계시성
'자연의 무한한 비밀을 나는 약간 읽을 수 있다'고
고백한 사옹(沙翁)의 비밀의 책이
무위경이었을 듯싶다

늙은이 우문우답

늙은이는 과거를 보고
젊은이는 미래를 본다
늙은이는 더 나아갈 미래가 없음이고
젊은이는 돌아갈 과거가 없음이다

현재는 누가 보는가
과거나 미래를 버린 자
현실에의 충실만을
현재라고 보는 자

신조차도 개혁할 수 없는 것이
과거라 했던가
과거 외의 확실한 것은
없다 했던가

굳이 답이 필요하겠는가
과거는 있었던 삶에의 기록이고
현재는 기록 중인 삶의 페이지이고
미래는 기록이 허락되지 않은 여백인 것을

추억

'벌떼 잉잉거리는
메밀밭 사잇길로 찾아갔더니
고향은 빨간 고추를 지붕에 이고
잠들어 있더라'

고등학교 1학년 때던가 2학년 때 쓴
최초의 시 첫 연이다
『학원』이란 학생잡지에 수동이란
이름으로 발표됐다고 들었다

20대 약관에 쓴 시를 미수를 넘겨
기억해본 감회랄까 회심이랄까가
늙었음을 말해준 듯싶어
먼 날의 한때로 돌아가 본다

오직 시만이 유일의 희망이었고
무지개고 아미에 두르고 가슴에 품었던
날마다 상행열차에 실어 보냈던
그날의 아름다웠던 순도 120%의 꿈

피를 잉크 삼아 쓸 줄 알았던 시
지금은 잉크에 물을 타서 쓰고 있지나 않은지
부끄러움이나 면했으면 하는 게
솔직한 심정이다

먼 날 고향 학의동, 시인의 꿈을 꾸며
멀리 날고 높이 나는 학의 꿈을 키우던 마을
오늘은 길러온 학 한 마리 전령 삼아
시인의 안부 실어 날려 보내본다

근본은 같이함이다

수림들이 잎잎마다 입이 되어
검푸른 독을 뿜어낼수록
문명의 찌꺼기에 오염된 육신은
한 겹씩 얼룩을 벗겨내며 순수를 회복했다

삶이 수반하는 멀미의 어지럼증은
땀으로 증발해낼수록
머리는 맑아졌고 의식은 뚜렷이
기력을 회복했다

육신뿐만이 아니었다
발육불량의 생각들로 잘못 뻗은
가지를 잘라냈고 잘려나간
가지들은 새순의 발아를 촉진했다

무위의 덕이 인위의 독을 깨웠고
독을 치유 덕들을 일으켜 세웠다
인위 무위가 따로따로가 아닌 근원을 같이한
인(凶)함과 결(結)함을 지닌 소이였다

자연 동일성이니 합일이 다르지 않음이고
다르지 않음이 같음이니
무위와 인위의 상반의 균형이
근본을 같이함이다

침묵

침묵은 말없음이 아닌
지속적으로 말을 하고 있는 다변이다
발성이 없을 뿐 생각은 침묵 속에서도
연속성을 지니고 있기 때문이다

침묵을 끊일 줄 모르는 말의 강이라 했던가
침묵 속 그중 깊은 곳에 언어의 강이 흐르고 있음이다
강의 언어는 살아 움직이는 활어
활어들의 금비늘은 언어다

말의 연속성을 끊어 잠시
입을 다무는 침묵
그러나 의식의 혀는 계속 말을 하고 있다
강물 속에서 고기떼가 쉼 없이 움직이듯이

소이로 해서 침묵은 언어의 무덤이 아니고
살아 숨 쉬며 살아있는 발성이 거세된
표현 자체이다
언어에의 반역이자 언어에의 혁명이다

탑돌이

아내를 회상의 벗이라 했던가
벗은 기쁨은 두 배로
슬픔은 반으로 줄여준다 했던가
헌데 벗을 잃었으니 회상은 슬픔이 되고
두 배로 해줄 기쁨은
슬픔을 두 배로 해주니 아프구나

아내를 잃은 아픔을 고분지통이라 했던가
통(痛)이란 게
상할 통, 아플 통, 심할 통, 병 통을
포괄하고 있으니 통통통통
가슴을 치는 비통함이 아니던가
슬픔 중의 슬픔이 아픔 중의 아픔인 소이다

간 아내를 소환해 보는 추회
회상
벗으로 한생 길동무 해준 고마움과
기쁨을 두 배로 해준 사랑과
슬픔을 반으로 줄여준 감사를 탑으로 세워
죽는 날까지 가슴으로 벗해 탑돌이하고 싶구나

무악재 · 1

기다림이라 했던가
꽃말이
헤어짐이라도 있었던가
있어 돌아온다는 다짐이라도 했었던가

절류(折柳)
헤어지면서 꺾어준 버들가지
절류 대신 정표로 건넨 꽃이
능소화였던가

무악재 고개 양켠에 핀
능소화
기다림을 밝힌 등불인지
기다리다 기다림이 되어버린 등불인지

걸어 넘는 이 없으니
이별인들 있었겠으며
헤어짐이 없었으니
어찌 기다림인들 있겠는가

걸어 넘는 이도
이별도
기다림도 없으니 삼무 고개
무자 머리에 얹어 무별리 고개라 불러본다

무악재 · 2

걸어 넘는 이 없으니
쉬어가는 인들 있겠는가
안산자락이 그늘마저 말아가버려
그림자도 없는 그늘길
누가 듣는다고 까마귀 까악까악 울고
능소화는 무심한 발길에 밟힌 채
기다림으로 지고 있는가

인생이란 고개도 다르지 않을 듯
동행 없는 단독자행
그림자 있단들 되레 외로움이 돼버렸을 고갯길
노을 비낀 하늘에 지는 고은들
어느 길손이 등에 하고 갈까
생이란 허무를 발길질하며 지나가는
과객이었던 것을

바람의 이미지

역마살이 도진 떠돌이다
정착하거나 안주하는 법이 없다
숲은 가숙지
밤과 낮이 따로 없는 나그네다
동행하는 법이 없는 외톨이다
때론 무리를 이루어 떠도는 유격전법에 능한
게릴라다
이별이 아닌 가지들이 등 떠밀어
쫓겨가는 추방자다
정도행을 모르는 헛발질이 심한
상것이다
계절 따라 변신술에 능통한
둔갑술의 달인이다
봄엔 혜풍화창(惠風和暢)의 봄처녀이다가
여름엔 세상을 뒤엎는 겁풍(劫風)의
무법자이다가
추동엔 어둡고 찬 음풍(陰風)
칼춤의 망나니다
바람은 악마의 이미지 순 바람둥이다

시인과 단골

내 사무실과 마주하고 있는
일월정사는 점집이다
하루에도 몇 차례씩 꽹과리에 맞춰
독경소리가 들려온다

간판은 절집인데
꽹과리 장구 치며 주문을 외는 것으로 보면
굿집이다
일종의 점과 굿을 겸한 단골집이다

조용한 가운데 시심을 가다듬는
내 일과는 정면으로 상치된다
무당을 신과의 통교자라 하던가
시인을 거짓말할 특권을 가졌다 하던가

신과의 통교도 거짓말
시도 거짓말이면 혈통이 다르지 않음이다
시는 의식(儀式)에서 파생된 산물이고
의식은 시에 의해 부흥했다던가

뿌리가 같음이나 형식이 다를 뿐이다
무당은 육체의 언어로
시인은 영혼의 언어로 말할 뿐이다
전자는 춤이란 언어로, 후자는 사물이란 언어로

그늘시편 · 1

나무 그늘에 앉아 덕을 중시하며
한때의 파한을 덕으로 풀이하던
옛분들을 소환해 본다
그늘의 유무로 나무를 풀이했던
선목유음(善木有蔭)과 악목불음(惡木不蔭)

때맞춰 쏟아내는 제녀(齊女)들의 노래로
매미들의 덕을 풀이했음직한 머리엔 반문
있으니 문(文), 이슬을 먹고 사니 청(淸), 곡식을
먹지 않으니 겸(兼), 집을 짓지 않고 사니 검(儉)
때맞춰 찾아오니 신(信)의 오덕(五德)이 그러하다

뿐인가 마당가 그늘을 돌아다니며 먹이를 찾는
닭의 머리엔 문(文), 발갈퀴는 무(武), 앞의
적엔 감행한 감투를 용(勇), 모이를 나눠
먹으니 인(仁), 제때 새벽을 알리니 신(信)
닭을 덕으로 풀이한 오덕(五德)이 또한 그러하다

그늘이 없었던들 덕 풀이한 한가나 있었겠는가
매미의 오덕에 덕 하나 더 보태고 싶다

종일 노래로써 벗해주니 악(樂)을 더해 육덕(六德)
육덕(六德) 아닌 물질의 육덕(肉德)시대, 그늘에
앉아 피한으로 땀 식히던 옛분들의 덕을 새겨본다

그늘시편 · 2

인생을 걸어다니는 그림자에 비유했던
사옹(沙翁)의 지론에 동의한다
걸어다닐 수 없는 나무의 그늘에 빗대인
유동의 그늘로 풀이한
반짝 빛으로 방출되는 광체

허상으로 실상을 말해주는 풀이 속엔
나무가 그늘로 덕을 베풀 듯
인간도 덕을 그림자로 데불고 다니면서
베풀음을 덕목유음(德木有蔭)에
빗대임 아니었을지 싶어서다

큰나무는 그늘이 많다
고해 아닌 열사(熱沙)의 열옥행이
고해 못지않은 구도의 길이고
구도의 길을 걷는 유형보다 팍팍한 길에
그늘을 깔아 쉬어가게 함이 베푸는 덕이다

옛분들 말씀에 '큰나무 덕을 본다'는 말이 있다
큰나무가 그러하듯 큰분이 베푸는

덕 또한 다르지 않음이다
수덕무자(樹德務滋)가 그러하고
이를 좇음이 또한 그러하다

그늘시편·3

공원은 도심 속 정사(亭榭)
거수들의 가지 부챗살로 펼쳐
잎잎마다 바람을 일으키니
나무째 커다란 오엽선(梧葉扇)이 된다

땀의 한때를 그늘에 앉아 식히며
옛 은사님 책상에 놓였던
'부채는 부지런한 이의 벗'이란
글귀를 떠올려 본다

접으면 묵향 번져나는 붓통이 되어
묵객(墨客)의 체취를 느끼게 하고
펴면 환소(紈素)의 한 자락 비단
반달로 뜨는

이마의 땀방울은 삽상한 바람으로
가슴의 바람기는 달빛으로 적셔주는
열옥의 한때를 접었다 폈다 되풀이하는
청풍선(淸風扇)

부지런 떨며 일해야 이마에 땀도
할 일 없어 놀면 땀 흘릴 일 없는
'부지런한 이의 벗'이 되는 소이 새기며
선목유음(善木有陰)의 부챗바람에 감사한다

그늘시편 · 4

열독의 감염을 피하기 위해
가지들은 한사코 독기를 털어낸다
털어낼수록 수액은
푸르름으로 번지고 번질수록
파란 바람이 되어 열독을 씻어낸다

그늘이 흔들릴 때마다
수해(樹海)는 깊이를 더해가고
더해갈수록 그늘은 부선(艀船)이 되어
둥둥 떠오른다
유선놀음치고 이만한 신선놀음이 또 있던가

낚싯대 없어도
어(魚) 아닌 어(語)를 낚는
그것도 월척의 시어를 낚는 재미는
수해의 깊이에서만 가능한
강태공도 지니지 못했던 조법(釣法)이다

돌아가는 길
둘러멘 낚싯대 끝에 매단

노을에 금박된 한 마리 시어는
금비늘을 세우며 살아난다
월척의 기쁨과 함께

그늘시편 · 5

수직으로 떨어지던 직사광선은
구름의 차양에 가리워져 공원째
그늘을 펼쳐주고 있는

알맞게 부는 바람은
가지와 가지를 흔들며
서늘기의 부채가 되어준다

지난 며칠간의 열옥
떨쳐버리지 못한 두려움을 날려버린
공원은 그린의 파라다이스다

발걸음이 가뿐해진
그늘을 골라 딛지 않아도 되는 과객의
스텝에선 생기가 묻어난다

그늘의 두께는 푹신한 스펀지
앉아 쉬는 한자락 한가가
여유의 즐거움을 안겨준다

이런 날엔
한 끼쯤 굶어도 될 듯싶은데
꼬르륵 아랫배가 새울음으로 시장기를 한다

소나기

달군 화저를 꼬나든 염제의 정규준에 비해
투창을 꼬나든 소나기부대는 게릴라였다
열독에 달궈진 부젓가락에 볶아진
지구촌은 열옥(熱獄)
멀리서 뻐꾸기가 폭군폭군 외쳐댔지만
대꾸가 없었다

구름을 타고 다니다 심술이 일면
꼬나든 투창으로 제 복부를 찔러
터뜨려 물폭탄 세례로
고옥건령(高屋建瓴)의 세를 과시했다
애칭 아닌 별칭은 백우(白雨)부대
정규군의 허를 찌른 백병전이 주특기였다

열옥에 갇힌 인간들은 데쳐지기도 하고
구워지기도 하는 화상을 면치 못했고
염제는 한발(旱魃)한발 보폭을 넓히며
지구촌을 장악
포로로 붙잡힌 소나기들을 냉맥주 삼아
열옥의 포식자를 자처했다

오수(午睡)

털어내지 못한 오수 때문일까
아슴아슴 졸려오는 노곤함이
긴장을 풀어버린다
밑바닥도 없이 한사코 가라앉는다
의식의 층계로는 내려갈 수 없는
없어 아득함이 되어버린
열독으로 지글지글 끓는 오수의 한때
남가일몽이라 했던가
하얀 드레스자락을 끌며 한 소복녀가
꿈의 층계를 밟고 내려왔다
먼 어느 날의 단꿈처럼

소이(所以)

비와 비(悲)는
소릿값은 같으나
본질은 다르다
다르면서 속성을 같이함이니
비가 오면 슬픔으로 가슴이 젖기 때문이다

비와 우(牛)는
소릿값은 다르나
속성은 같다
같으면서 본질을 달리함이니
떼로 몰려갈 땐 우-우 소리함 때문이다

본질을 달리하면서 소릿값이 같고
소릿값 같이 하면서 본질이 다름은
같고 다름을 넘어선 곳에서
하나가 되는 소이를 지녔기 때문이다

소이엔 같음이 다름이 되고
다름이 같음이 되는
이치가 들어있다

모든 이치는 일치에 인(因)하고
결(結)함 때문이다

약

폭우・폭서 등 재난과
정치 불안 등으로 시대가 어수선하다
단절・고립 같은 불통의 예감
전에 없이 외로움이 울타리를 둘렀다

독거・고독이 수반하는 푸념
외로움엔 소이가 있었다
열옥 더위에도 옆구리가 시린 소이
고분지통으로만 알았더니

아니었다
뒤늦게 덕불고필유린을 깨달았다
덕 지니지 못해 베풀지 못했으니 이웃 있을 리 없고
이웃 없으니 외로울밖에 없음이 소이였다

덕 없음보다
지니고도 베풀지 못하면
없음만 못하다는 깨달음도 덕목의 하나
외로움이 이리 약이 될 줄이야

사필귀정엔 피가 묻어 있다

할 일 없어 입 봉하고 사니
입이 심심하다
옛분들 심심하면 간장 찍어 먹어라
말씀 좇아 간장 대신 찾는
다디단 사탕
입맛 버리고 몸 버리기 일쑤다

감언이설이라 했던가
달면 삼키고 쓰면 뱉는다 했던가
문제는 혀가 아니라 귀
달콤한 말에만 길들여진 귀를 잘라내야
헌데 혀를 먼저 잘라내야 한다고?
둘 다 잘리면 남는 건 피 묻은 진실

진실은 피로 말한다 일까
피로 살아있어야 한다 일까
피를 흘려야 진실에 값한다 일까
진실은 결코 죽지 않는다가 까에 대한 답
사필귀정엔 피가 묻어 있다 살아있음 때문이다
사필(事必)이 사필(死必)로 지켜진 소이다

수해(樹海)

공원은
직각으로 내려꽂힌 햇살에 찔려
팽팽히 부풀어 올랐다
인왕산 뻐꾸기 울음 '뻐꾹' 한 방이면
펑하고 터질 것 같았다

다행히도 뻐꾸기는 울지 않았으나
제녀(齊女) 떼들이 일시에 토해낸
따가운 함성으로 떠오른 공원은
거수들의 가지에 걸려
낭창낭창 그네를 타고 있었다

신식 이도령과 춘향이는 눈에 띄지 않았고
그림자 동행하고 찾아온 과객 몇이
그나마 잘못 들어섰다는 듯
공원을 가로질러
지나갈 뿐이었다

염제의 점령하 공원은
공원(公園) 아닌 공원(空園)이었고

거수의 높이로 깊이한
높이로 깊이를 재는 수해(樹海)가 되어
장난감 바다를 탄생시켰다

같은 소이였어

신(信)을 매미의 오덕 중 하나라 했던가
문・청・염・검・신
한철 불러주는 노래 악(樂)을 더해
육덕으로 불러준들 어떠랴
매미의 메인 이미지란 게 뭐니 뭐니 해도
악악(惡惡)이건 악악(樂樂)이건
힘차게 내지르는 소리가 아니던가

소이는 또 있다
물신시대(物神時代)의 덕목이
황금・역(力)・육덕(肉德) 아니던가
그중 황금과 힘의 최고 수혜가
육덕이면 육덕이 물신시대의
황태자가 아니던가
황금의 외외탕탕이 또한 그러하다

헌데 오독(誤讀) 말거라
육덕(六德)과 육덕(肉德)은
천사와 악마, 하늘과 땅 차이다
매미의 악악이 짝을 찾는 구애여서

육덕(肉德)과 무관하지 않으니
파한 삼아 논해본들 어떠랴
옛분들 흉내 보한(補閒) 삼아봄도 같은 것이어서

열옥행 열차

칙칙폭폭
화통으로 열독을 뿜어내며
열옥행 열차가 지나갑니다

레일은 나란히 열사 위에 놓여 있고
열사를 좇아
칙칙폭폭 열옥행 열차가 능구렁이로 지나갑니다

간이역도 없고 쉬임도 없이
한발 한발(旱魃) 열옥행 열차가
칙칙폭폭 열독을 뿜어내며 지나갑니다

지구촌 사람들은 지금
유형(流刑) 중
화차에 실려 어디론가 끌려갑니다

지옥·연옥·천당행이 아닌
삼계(三界)에도 없는 새로운 세계
열옥을 향해 칙칙폭폭 끌려갑니다

답해 보라

가자 가자 외치며 가본
가자 지구는 가자 지옥
전쟁과 이데올로기와 기아와
기아의 희생양이 된 아기들의 무덤
가자 지구는 지구촌의 공동묘지
가자 지옥

칙칙폭폭
폭탄·폭우·폭서의 폭자돌림 열차는
지금 열사를 가로질러
열독을 뿜으며 질주하는
열옥행 완행열차
차장의 손엔 패권의 탄두가 들려 있다

언제고 터뜨리면 불바다
중동(仲冬)이 없는 중동(中東)은 석유의 산지
항시 활활 타오르며 폭발을 예비하는
열사의 화약고
신도 구원을 포기하고 버린 저주의 사막지대
답해 보라, 구원의 신은 어디에 있는가

두 그루 감나무

지난해 명절 때
상주곶감을 선물로 받았다
씨를 화분에 심었더니
봄 되자 두 줄기 싹이 올라왔다

한 그루씩 화분에 옮겨 두 그루를
키우고 있다
하나는 볕바른 양지녘에 길렀더니
살찐 떡잎에 키가 두어 자쯤 자랐다

사무실 실내에서 길렀던 한 그루는
흙이 박토였는지 햇볕을 보지 못했음인지
한 자쯤으로 키가 반밖에 자라지 못했다
그렇구나, 햇볕·토양에 기르기 나름이구나

젊은 소싯적 박화성 선생님댁을 자주 들렀었다
댁이 학교 밑 산자락에 있어서였다
방문 때마다 시를 내어던지시는 푸대접도 있었지만
따뜻한 차와 곶감을 주셨다

겨울 교복에 곶감 씨를 넣어 다니면서
시(詩)와 시(枾)라는 그때는 몰랐지만
후일 pun이란 걸 알고 마른 씨를 애지중지했던
가버린 날의 한 컷을
두 그루 감나무를 기르면서 떠올려보는
원로 소설가 박화성 선생님과
시(詩)와 시(枾)로 시의 씨앗 삼았던
풋내기 시 지망 시절의 행복을 소환해 본다

귀또리

밤새 살찐 만월 훔쳐 갉아먹고도
시장지 못 면했는지
이슥한 새벽녘 창틈으로
청상의 살찐 젖가슴 갉아먹고
가슴속 외로움까지 훔쳐먹고
끼르륵 끼르륵 트림질 삼키며
몰래 현관을 빠져나오는
간밤 밤손님 귀또리란 놈

들꽃

봄바람이 오선보(五線譜)를
긋고 지나갔다
때맞춰 핀 들꽃들이
음부(音符)로 매달려 발성했다

색깔로 표정하고
소리로 노래하고
자태로 춤추는
봄의 교향곡

풀꽃은 무위의 합창단
악보 없이도
지휘자 없이도 노래하고
춤을 추는

한소절 음계를 밟으며
♪로 매달려 있는
나는 천송이 들꽃
봄의 교향악을 부르고 있다

매미

매미가 운다
틀렸다
노래한다가 맞다

소이를 대라고?
소이인즉 맴맴 질러대는 소리가
짝짓기를 하기 위해 짝을 부르는 소리란다

짝을 부르면서 징징 울 수야 있겠는가
노래도 그중 낭랑한 목소리로
시쳇말로 꼬시는 목소리로 노래해야지

있는 힘을 다해 악을 쓰는 악
악악이 유식하겐 즐거울 락 악(樂) 아니던가
울음 아닌 노래인 또 하나의 소이다

이슬로 축인 목 있는 힘 다해
찾는 짝, 짝짓기로 생을 마감하는
행복한 생의 존엄 매미

매미의 덕 문(文) 청(淸) 염(廉)
검(儉) 신(信)의 5덕에
악(樂) 하날 더해 육덕이면 복도 많음 아니던가

초월

한번 핀 꽃은 영원히 지지 않고
한번 생성하면 소멸하지 않고 영생하고
한번 태어나면 죽지 않는
그런 초절계가 있다면 행복할까

아닐 듯
변화가 없으니 지루하고 권태스러울 듯
삶이란 생성 소멸을 통해 되풀이되는
연속성이 아니던가

절망이 있어야 희망에 도전하고
운명이 있어야 운명을 극복하고자 하고
불행이 있어야 행복하고자 하지 않던가
그것이 삶이고 삶에의 충실 아니던가

불변의 영원성
그것은 산 자의 몫이 아닌
죽음만이 누릴 수 있는 영원한 잠이고
잠으로 돌아간 무의 세계가 아니던가

허무란 소멸이 가져다준
존재의 마지막 자각
이 자각 없이는 무로 돌아갈 수 없음이니
무가 곧 유의 초월인 것을

사무사(思無邪)와 사유사(思有邪)

먼 옛날 중국 노(魯)나라 때
희공(喜公)이란 분이 말[馬] 농사를 지었다
시쳇말로 치면 말 목장쯤이었으리라
목장은 인가와도 논밭과도 먼 산자락에 있었다
곡식에 해를 끼치지 않으려는 배려였다
이를 두고 세인들은 희공의 이타정신을 기려
사무사(思無邪)라 칭송했고
공자는 이를 곧고 바르고 사됨이 없는 정신덕목
시정신이라고 제자들에게 설파했다

근래 서울 홍제골에 말농사를 짓는 선생이 있었다
희공이 기르던 말과 소릿값은 같으나 다른 말[言]
농사였다
농사는 풍작이었으나 작물은 거칠고 억세고
헐뜯고 깎아내리고 비아냥하는
시쳇말로 치면 언골(言骨)이 들어있었다
세인들은 이를 말에 가시가 들어있다고
사유사(思有邪)라고 했다
이를 두고 선생은 공자가 없는 시대라며 탄식했다

소나기 지나간 뒤

소나기 한 줄기가
열독을 씻고 가자
꽃잎 없이도 향 묻은 바람이
향그럽다

마른 풀잎을 적신 내음같기도 하고
마른 땅 젖은내 같기도 한
한 가지로는 풍길 수 없는 그런
덧향 바람이다

등줄기가 고실고실해지면서
드러나는 하늘빛이 물기를 머금었다
땀기 가신 아미 탓일까
아미에 걸렸던 열기가 걷힌 탓일까

소나기 삼형제라던데
두 형제는 오지 않았다
지열이 식으면서 끌어내린 온도계 눈금 탓일까
내린 눈금관 달리 기분은 업했다

이치가 아니던가

거짓말을 유식하게
양언(佯言)이라고도 했데
양(佯)은 사(詐)와 한통속이니
거짓말은 꾀로 남을 속인다는 뜻이 된다

거짓말 좋아하다
국모에서 → 영부인, 영부인에서 → 여사
여사에서 → 씨, 씨에서 → 4389로 날아가는
화살 맞고 폭망한 이도 있다

진실도 의심해서 따져보는 세상에
거짓이 통하리라고 믿었다면 너무 순진하다
꾀가 진실을 이기리라고 생각했다면
너무 철없고 어리석음이다

한입에 혀를 둘 가지지 말라 했던가
혀 하나로는 속이고
다른 하나로는 감춘다고 양언・사언・모언에
사필귀정 길 잃고 헤맨 적이 없다

'아무것 아닌'과 '아무 일도 없었다' 표현은 달라도
부창부수의 주어란 점에서는 같음이다
다름이 같음이 되는 소이
위가 진을 이길 수 없다는 이치가 아니던가

하오의 시 · 1

하루가 하오로 기울자
그림자들이 일제히
위치를 바꾸었다
향일성을 따르고 좇음이니
무위나 인위가 다르지 않음이다

현관을 나설 때
오른쪽 옆구리에 매달렸던
그림자는
돌아올 때 왼쪽에 매달려 있었다
인위와 무위에도 중심이 있음이다

동일성은 향일성
태양이 하늘의 중도(中道)를 이탈하지 않듯이
좌우로 위치를 옮기면서도
중심을 버리지 않음은
인위와 무위가 법도를 같이 지킴이다

하늘을 이치라 했던가
이치로써 일치함이 됨은

무위와 인위가 둘이면서 하나됨이니
일치가 되고 일치가 됨은
이치로써 중심을 다스리고 있음이 된다

하오의 시 · 2

일진의 호우성 소나기가 씻어가 버렸는지
눅눅한 간기가 가신
바람기는 삽상했다

비의 꼬리가 아직 빠져나가지 않은 듯
꾸무럭한 하늘은 물기가 가시지 않았는데
어찌 말랐을까 제녀들 울음이 비갬을 알려준다

성급한 햇볕 한 자락이
그늘을 말리려고 밀어냈으나
이내 그늘이 포개지면서 덮어버렸다

날개를 접은 박쥐 떼들이
직립 행보로 보도 위로 쏟아져 나왔고
회복된 한나절이 기울면서 그림자를 거둬갔다

소나기 3형제 중 둘의 행방은 모른다
삽상한 바람이 가지를 흔들자
일제히 가로수들이 ♩♪♬을 쏟아냈다

바람의 산책

거수들은 가지째 잎새째
부챗살이 되어
땀을 식혀준다

산목(散木)들도 가지 부챗살 삼아
바람을 접었다 폈다
폈다 접었다 장난감 부채놀이를 한다

공원은 바람의 간이역
잠시 쉬었다 떠나고
떠났다 다시 돌아와 쉬어가는

가슴의 바람기
역마살 도진 과객 하나
바람 따라 왔다가 바람 따라 떠난다

열옥 더위도
공원에선 바람개비 가슴이 되어
열독 풀어놓고 쉬었다 간다

성하공원(盛夏公園)에서

지난 늦봄
전동 기계톱날에 웃자란 가지가
잘려나간 노송들은
삭발당한 그대로
단정했다

대신 공원의 거수와 산목들은
제철을 만난 듯 무성한 가지가 웃자라
선목유음(善木有蔭)을 자랑했다
이를 지켜보다 심술이 도진 것은
제녀들이었다

날이 새기가 무섭게
기계톱날을 풀가동
엥엥엥 가지치기에 나섰으나
잘라낼수록 가지는 더 무성했고
그늘은 두께를 더해 푹신했다

나들이를 접은지 한철이 지났으나
제철마다 페이지없는 교과서를 펼친 공원은

자연의 학습장이었다
오랜만에 들러 자연진취
한 페이지를 읽고 간다

※ 자연진취(自然眞趣) : 자연의 참다운 취미.

언술

독거 지인에게
어떻게 입 봉하고 하루를 사느냐
했더니 답이 걸작이었다
나하고도 말하고 사물하고도
말한다고 했다

옳은 말 아니던가
사물 자체가 언어 아니던가
해서 사르트르는 시를
사물로 쓴다 안 했던가
사물과의 대화는 곧 언어소통이다

사물은 존재로도
형상이나 빛깔로도
속성이나 함의로도 말을 한다
그중에서도 밖으로 드러내지 않는
안에 감추고 있는 시크릿의 발견

시는 발견한 비의를 보여주는
견자 몫이다

정답이 아닌 거짓말이면서
참말로는 할 수 없는, 참말로는 체험할 수 없는
새로운 감동을 체험하게 하는 언술이다

소리로 가을 읽기

질긴 장마의 긴 꼬리는
강철 기계음 톱날에
토막토막 잘려 나갔다

이음새가 절묘했다
소낙비 대신 열옥의 열독이
소나기보다 세차게 직각으로 쏟아져 내렸다

낭창낭창한 살찐 가지들이
톱날에 잘려나갈 법한데 잘려나갈수록
그늘의 두께는 두배 세배로 두꺼워져 푹신했다

제녀(齊女)들이라 했다
이름은 계집애들이었으나
선머슴놈들보다 힘이 센 제재소 일꾼들이었다

시끄럽고 따갑고 젖은 한철을
열독을 뿜어내며 염병앓이로 나자빠진 채
염제의 심술에 묶여 연옥살이를 했다

한철의 길이로는 그중 길었으나
제재소가 망했는지 톱날소리 멎었고 대신
목재더미 속에서 귀또리가 달빛을 갉아댔다

제녀음(齊女吟)

제녀들도 열독에 지쳤는지
질러대는 소리 이음새가
이어졌다 끊겼다 전만 같지 못하다

선성(蟬聲)을 짝짓기의
구애로 풀이했데만
염병앓이에 나자빠질 일 있어 악을 쓰는 것인지

그 짓도 신명이 나야
함께 오름이 있는 법
미물이라고 자연성 달리 하겠는가

더위 먹고 맴맴맴
열독에 감염돼 맴맴맴
맨몸과 맨몸 몸 섞어 염병앓이 대낮 열옥

양언집

2025년 10월 20일 인쇄
2025년 10월 30일 발행

지은이 / 박진환
발행인 / 박진환
펴낸곳 / 조선문학사
등록번호 / 1-2733
주소 / 03730 서울 서대문구 통일로 389(홍제동)
대표전화 / 02-730-2255
팩스 / 02-723-9373
E-mail / chosunmh2@daum.net

ISBN 979-11-6354-411-1

정가 10,000원

* 인지는 저자와 합의 하에 생략
* 잘못된 책은 서점에서 교환해 드립니다.